Autism Planner Milestone Tracker

THIS BOOK BELONGS TO:

Date:

THIS WEEK'S SCHEDULE

MONDAY

TUESDAY

WEDNESDAY

THURSDAY

FRIDAY

SATURDAY

SUNDAY

GOALS

- [ ] _____
- [ ] _____
- [ ] _____
- [ ] _____
- [ ] _____
- [ ] _____

GOALS & PROGRESS TRACKER

Week of:

....

Communication Goals

_____
_____
_____
_____
_____
_____
_____
_____

Social Skills

_____
_____
_____
_____
_____
_____
_____
_____

Sensory & O.T

_____
_____
_____
_____
_____
_____
_____
_____

THERAPY ACTIVITY IDEAS

Fine Motor

_____
_____
_____
_____
_____
_____
_____

Visual

_____
_____
_____
_____
_____
_____
_____

Auditory

_____
_____
_____
_____
_____
_____
_____

Tactile

_____
_____
_____
_____
_____
_____
_____

Weekly Reflection

This week's challenges?

....
....

This week's highlights?

....
....
....
....

Notes:

....
....
....
....

MILESTONE TRACKER

MILESTONE	NOTES

TO DO LIST

DATE   **TO DO:**

✓

Date:

THIS WEEK'S SCHEDULE

MONDAY

TUESDAY

WEDNESDAY

THURSDAY

FRIDAY

SATURDAY

SUNDAY

GOALS

- ☐ _____
- ☐ _____
- ☐ _____
- ☐ _____
- ☐ _____
- ☐ _____
- ☐ _____

GOALS & PROGRESS TRACKER

Week of: •

Communication Goals

Social Skills

Sensory & O.T

THERAPY ACTIVITY IDEAS

Fine Motor

Visual

Auditory

Tactile

Weekly Reflection

This week's challenges?

....

....

This week's highlights?

....

....

....

....

Notes:

....

....

....

....

MILESTONE TRACKER

MILESTONE	NOTES

TO DO LIST

DATE   **TO DO:**

Date:

THIS WEEK'S SCHEDULE

MONDAY

TUESDAY

WEDNESDAY

THURSDAY

FRIDAY

SATURDAY

SUNDAY

GOALS

- [ ] _____
- [ ] _____
- [ ] _____
- [ ] _____
- [ ] _____
- [ ] _____

GOALS & PROGRESS TRACKER

Week of:
....

Communication Goals

_____
_____
_____
_____
_____
_____
_____
_____

Social Skills

_____
_____
_____
_____
_____
_____
_____
_____

Sensory & O.T

_____
_____
_____
_____
_____
_____
_____
_____

THERAPY ACTIVITY IDEAS

Fine Motor

_____
_____
_____
_____
_____
_____
_____
_____

Visual

_____
_____
_____
_____
_____
_____
_____
_____

Auditory

_____
_____
_____
_____
_____
_____
_____
_____

Tactile

_____
_____
_____
_____
_____
_____
_____
_____

Weekly Reflection

This week's challenges?

....

....

This week's highlights?

....

....

....

....

Notes:

....

....

....

....

MILESTONE TRACKER

MILESTONE	NOTES

TO DO LIST

DATE **TO DO:** ✓

Date:

THIS WEEK'S SCHEDULE

MONDAY

TUESDAY

WEDNESDAY

THURSDAY

FRIDAY

SATURDAY

SUNDAY

GOALS

- [ ] _____
- [ ] _____
- [ ] _____
- [ ] _____
- [ ] _____
- [ ] _____

GOALS & PROGRESS TRACKER

Week of: . . . .

Communication Goals

_____
_____
_____
_____
_____
_____
_____
_____
_____
_____

Social Skills

_____
_____
_____
_____
_____
_____
_____
_____

Sensory & O.T

_____
_____
_____
_____
_____
_____
_____
_____
_____

THERAPY ACTIVITY IDEAS

Fine Motor

_____
_____
_____
_____
_____
_____
_____
_____
_____

Visual

_____
_____
_____
_____
_____
_____
_____
_____

Auditory

_____
_____
_____
_____
_____
_____
_____
_____

Tactile

_____
_____
_____
_____
_____
_____
_____
_____

Weekly Reflection

This week's challenges?

....

....

This week's highlights?

....

....

....

....

Notes:

....

....

....

....

MILESTONE
TRACKER

MILESTONE	NOTES

TO DO LIST

DATE   **TO DO:**   ✔

		☐
_____	_____	☐
_____	_____	☐
_____	_____	☐
_____	_____	☐
_____	_____	☐
_____	_____	☐
_____	_____	☐
_____	_____	☐
_____	_____	☐
_____	_____	☐
_____	_____	☐
_____	_____	☐
_____	_____	☐

Date:

THIS WEEK'S SCHEDULE

MONDAY

TUESDAY

WEDNESDAY

THURSDAY

FRIDAY

SATURDAY

SUNDAY

GOALS

- ☐ _____
- ☐ _____
- ☐ _____
- ☐ _____
- ☐ _____
- ☐ _____

GOALS & PROGRESS TRACKER

Week of:
· ·

Communication Goals

Social Skills

Sensory & O.T

THERAPY ACTIVITY IDEAS

Fine Motor

Visual

Auditory

Tactile

Weekly Reflection

This week's challenges?

....

....

This week's highlights?

....

....

....

....

Notes:

....

....

....

....

MILESTONE
TRACKER

MILESTONE	NOTES

TO DO LIST

DATE   **TO DO:**   ✓

Date:

THIS WEEK'S SCHEDULE

MONDAY

TUESDAY

WEDNESDAY

THURSDAY

FRIDAY

SATURDAY

SUNDAY

GOALS

- [ ] _____
- [ ] _____
- [ ] _____
- [ ] _____
- [ ] _____
- [ ] _____

GOALS & PROGRESS TRACKER

Week of:

Communication Goals	Social Skills	Sensory & O.T
_____	_____	_____
_____	_____	_____
_____	_____	_____
_____	_____	_____
_____	_____	_____
_____	_____	_____
_____	_____	_____

THERAPY ACTIVITY IDEAS

Fine Motor	Visual	Auditory	Tactile
_____	_____	_____	_____
_____	_____	_____	_____
_____	_____	_____	_____
_____	_____	_____	_____
_____	_____	_____	_____
_____	_____	_____	_____

Weekly Reflection

This week's challenges?

....

....

This week's highlights?

....

....

....

....

Notes:

....

....

....

....

MILESTONE TRACKER

MILESTONE	NOTES

TO DO LIST

DATE   **TO DO:**   ✓

Date:

THIS WEEK'S SCHEDULE

MONDAY

TUESDAY

WEDNESDAY

THURSDAY

FRIDAY

SATURDAY

SUNDAY

GOALS

- ☐ _____
- ☐ _____
- ☐ _____
- ☐ _____
- ☐ _____
- ☐ _____

GOALS & PROGRESS TRACKER

Week of: ·

Communication Goals

Social Skills

Sensory & O.T

THERAPY ACTIVITY IDEAS

Fine Motor

Visual

Auditory

Tactile

Weekly Reflection

This week's challenges?

....

....

This week's highlights?

....

....

....

....

Notes:

....

....

....

....

MILESTONE TRACKER

MILESTONE	NOTES

TO DO LIST

DATE   **TO DO:**   ✔

Date:

THIS WEEK'S SCHEDULE

MONDAY

TUESDAY

WEDNESDAY

THURSDAY

FRIDAY

SATURDAY

SUNDAY

GOALS

- ☐ _____
- ☐ _____
- ☐ _____
- ☐ _____
- ☐ _____
- ☐ _____

GOALS & PROGRESS TRACKER

Week of:
. . . .

Communication Goals	Social Skills	Sensory & O.T
_____	_____	_____
_____	_____	_____
_____	_____	_____
_____	_____	_____
_____	_____	_____
_____	_____	_____
_____	_____	_____
_____	_____	_____
_____	_____	_____

THERAPY ACTIVITY IDEAS

Fine Motor	Visual	Auditory	Tactile
_____	_____	_____	_____
_____	_____	_____	_____
_____	_____	_____	_____
_____	_____	_____	_____
_____	_____	_____	_____
_____	_____	_____	_____
_____	_____	_____	_____

Weekly Reflection

This week's challenges?

....

....

This week's highlights?

....

....

....

....

Notes:

....

....

....

....

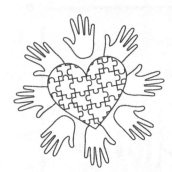

MILESTONE
TRACKER

MILESTONE	NOTES

TO DO LIST

DATE   **TO DO:**   ✔

_____   _____   ☐

_____   _____   ☐

_____   _____   ☐

_____   _____   ☐

_____   _____   ☐

_____   _____   ☐

_____   _____   ☐

_____   _____   ☐

_____   _____   ☐

_____   _____   ☐

_____   _____   ☐

_____   _____   ☐

_____   _____   ☐

_____   _____   ☐

_____   _____   ☐

Date:

THIS WEEK'S SCHEDULE

MONDAY

TUESDAY

WEDNESDAY

THURSDAY

FRIDAY

SATURDAY

SUNDAY

GOALS

- [ ] _____
- [ ] _____
- [ ] _____
- [ ] _____
- [ ] _____
- [ ] _____

GOALS & PROGRESS TRACKER

Week of: ....

Communication Goals	Social Skills	Sensory & O.T

THERAPY ACTIVITY IDEAS

Fine Motor	Visual	Auditory	Tactile

Weekly Reflection

This week's challenges?

....

....

This week's highlights?

....

....

....

....

Notes:

....

....

....

....

MILESTONE TRACKER

MILESTONE	NOTES

TO DO LIST

DATE   **TO DO:**   ✔

Date:

THIS WEEK'S SCHEDULE

MONDAY

TUESDAY

WEDNESDAY

THURSDAY

FRIDAY

SATURDAY

SUNDAY

GOALS

- [ ] _____
- [ ] _____
- [ ] _____
- [ ] _____
- [ ] _____
- [ ] _____

GOALS & PROGRESS TRACKER

Week of:
....

Communication Goals	Social Skills	Sensory & O.T
_____	_____	_____
_____	_____	_____
_____	_____	_____
_____	_____	_____
_____	_____	_____
_____	_____	_____
_____	_____	_____
_____	_____	_____

THERAPY ACTIVITY IDEAS

Fine Motor	Visual	Auditory	Tactile
_____	_____	_____	_____
_____	_____	_____	_____
_____	_____	_____	_____
_____	_____	_____	_____
_____	_____	_____	_____
_____	_____	_____	_____

Weekly Reflection

This week's challenges?

··

··

This week's highlights?

··

··

··

··

Notes:

··

··

··

··

MILESTONE TRACKER

MILESTONE	NOTES

TO DO LIST

DATE   **TO DO:**   ✔

Date:

THIS WEEK'S SCHEDULE

MONDAY

TUESDAY

WEDNESDAY

THURSDAY

FRIDAY

SATURDAY

SUNDAY

GOALS

- [ ] _____
- [ ] _____
- [ ] _____
- [ ] _____
- [ ] _____
- [ ] _____

GOALS & PROGRESS TRACKER

Week of:

Communication Goals

Social Skills

Sensory & O.T

THERAPY ACTIVITY IDEAS

Fine Motor

Visual

Auditory

Tactile

Weekly Reflection

This week's challenges?

....

....

This week's highlights?

....

....

....

....

Notes:

....

....

....

....

MILESTONE
TRACKER

MILESTONE	NOTES

TO DO LIST

DATE   **TO DO:**   ✔

Date:

THIS WEEK'S SCHEDULE

MONDAY

TUESDAY

WEDNESDAY

THURSDAY

FRIDAY

SATURDAY

SUNDAY

GOALS

- [ ] _____
- [ ] _____
- [ ] _____
- [ ] _____
- [ ] _____
- [ ] _____

GOALS & PROGRESS TRACKER

Week of:

Communication Goals

_____
_____
_____
_____
_____
_____
_____
_____
_____

Social Skills

_____
_____
_____
_____
_____
_____
_____
_____
_____

Sensory & O.T

_____
_____
_____
_____
_____
_____
_____
_____
_____

THERAPY ACTIVITY IDEAS

Fine Motor

_____
_____
_____
_____
_____
_____
_____
_____

Visual

_____
_____
_____
_____
_____
_____
_____
_____

Auditory

_____
_____
_____
_____
_____
_____
_____
_____

Tactile

_____
_____
_____
_____
_____
_____
_____
_____

Weekly Reflection

This week's challenges?

....
....

This week's highlights?

....
....
....
....

Notes:

....
....
....
....

MILESTONE TRACKER

MILESTONE	NOTES

TO DO LIST

DATE   **TO DO:**

Date:

THIS WEEK'S SCHEDULE

MONDAY

TUESDAY

WEDNESDAY

THURSDAY

FRIDAY

SATURDAY

SUNDAY

GOALS

- ☐ _____
- ☐ _____
- ☐ _____
- ☐ _____
- ☐ _____
- ☐ _____

GOALS & PROGRESS TRACKER

Week of:
· ·

Communication Goals

Social Skills

Sensory & O.T

THERAPY ACTIVITY IDEAS

Fine Motor

Visual

Auditory

Tactile

Weekly Reflection

This week's challenges?

....

....

This week's highlights?

....

....

....

....

Notes:

....

....

....

....

MILESTONE TRACKER

MILESTONE	NOTES

TO DO LIST

DATE   **TO DO:** ✔

_____   _____ ☐

_____   _____ ☐

_____   _____ ☐

_____   _____ ☐

_____   _____ ☐

_____   _____ ☐

_____   _____ ☐

_____   _____ ☐

_____   _____ ☐

_____   _____ ☐

_____   _____ ☐

_____   _____ ☐

_____   _____ ☐

_____   _____ ☐

_____   _____ ☐

Date:

THIS WEEK'S SCHEDULE

MONDAY

TUESDAY

WEDNESDAY

THURSDAY

FRIDAY

SATURDAY

SUNDAY

GOALS

- ☐ _____
- ☐ _____
- ☐ _____
- ☐ _____
- ☐ _____
- ☐ _____

GOALS & PROGRESS TRACKER

Week of: ....

Communication Goals	Social Skills	Sensory & O.T
_____	_____	_____
_____	_____	_____
_____	_____	_____
_____	_____	_____
_____	_____	_____
_____	_____	_____
_____	_____	_____
_____	_____	_____

THERAPY ACTIVITY IDEAS

Fine Motor	Visual	Auditory	Tactile
_____	_____	_____	_____
_____	_____	_____	_____
_____	_____	_____	_____
_____	_____	_____	_____
_____	_____	_____	_____
_____	_____	_____	_____
_____	_____	_____	_____

Weekly Reflection

This week's challenges?

....

....

This week's highlights?

....

....

....

....

Notes:

....

....

....

....

MILESTONE
TRACKER

MILESTONE	NOTES

 # TO DO LIST

DATE   **TO DO:**   ✓

Date:

THIS WEEK'S SCHEDULE

MONDAY

TUESDAY

WEDNESDAY

THURSDAY

FRIDAY

SATURDAY

SUNDAY

GOALS

- [ ] _____
- [ ] _____
- [ ] _____
- [ ] _____
- [ ] _____
- [ ] _____

GOALS & PROGRESS TRACKER

Week of:

Communication Goals

Social Skills

Sensory & O.T

THERAPY ACTIVITY IDEAS

Fine Motor

Visual

Auditory

Tactile

Weekly Reflection

This week's challenges?

....

....

This week's highlights?

....

....

....

....

Notes:

....

....

....

....

MILESTONE
TRACKER

MILESTONE	NOTES

TO DO LIST

DATE   **TO DO:**   ✔

Date:

THIS WEEK'S SCHEDULE

MONDAY

TUESDAY

WEDNESDAY

THURSDAY

FRIDAY

SATURDAY

SUNDAY

GOALS

- [ ] _____
- [ ] _____
- [ ] _____
- [ ] _____
- [ ] _____
- [ ] _____

GOALS & PROGRESS TRACKER

Week of:
....

Communication Goals	Social Skills	Sensory & O.T
_____	_____	_____
_____	_____	_____
_____	_____	_____
_____	_____	_____
_____	_____	_____
_____	_____	_____
_____	_____	_____
_____	_____	_____

THERAPY ACTIVITY IDEAS

Fine Motor	Visual	Auditory	Tactile
_____	_____	_____	_____
_____	_____	_____	_____
_____	_____	_____	_____
_____	_____	_____	_____
_____	_____	_____	_____
_____	_____	_____	_____
_____	_____	_____	_____

Weekly Reflection

This week's challenges?

....

....

This week's highlights?

....

....

....

....

Notes:

....

....

....

....

MILESTONE TRACKER

MILESTONE	NOTES

TO DO LIST

DATE   **TO DO:**   ✓

Date:

THIS WEEK'S SCHEDULE

MONDAY

TUESDAY

WEDNESDAY

THURSDAY

FRIDAY

SATURDAY

SUNDAY

GOALS

- [ ] _____
- [ ] _____
- [ ] _____
- [ ] _____
- [ ] _____
- [ ] _____

GOALS & PROGRESS TRACKER

Week of:
....

Communication Goals	Social Skills	Sensory & O.T

THERAPY ACTIVITY IDEAS

Fine Motor	Visual	Auditory	Tactile

Weekly Reflection

This week's challenges?

....

....

This week's highlights?

....

....

....

....

Notes:

....

....

....

....

MILESTONE
TRACKER

MILESTONE	NOTES

TO DO LIST

DATE   **TO DO:**   ✔

☐

☐

☐

☐

☐

☐

☐

☐

☐

☐

☐

☐

☐

☐

☐

Date:

THIS WEEK'S SCHEDULE

MONDAY

TUESDAY

WEDNESDAY

THURSDAY

FRIDAY

SATURDAY

SUNDAY

GOALS

- [ ] _____
- [ ] _____
- [ ] _____
- [ ] _____
- [ ] _____
- [ ] _____

GOALS & PROGRESS TRACKER

Week of:
....

Communication Goals

Social Skills

Sensory & O.T

_____
_____
_____
_____
_____
_____
_____
_____

_____
_____
_____
_____
_____
_____
_____
_____

_____
_____
_____
_____
_____
_____
_____
_____

THERAPY ACTIVITY IDEAS

Fine Motor

Visual

Auditory

Tactile

_____
_____
_____
_____
_____
_____
_____
_____

_____
_____
_____
_____
_____
_____
_____
_____

_____
_____
_____
_____
_____
_____
_____
_____

_____
_____
_____
_____
_____
_____
_____
_____

Weekly Reflection

This week's challenges?

....

....

This week's highlights?

....

....

....

....

Notes:

....

....

....

....

MILESTONE
TRACKER

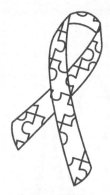

MILESTONE	NOTES

TO DO LIST

DATE   **TO DO:**   ✓

Date:

THIS WEEK'S SCHEDULE

MONDAY

TUESDAY

WEDNESDAY

THURSDAY

FRIDAY

SATURDAY

SUNDAY

GOALS

- ☐ _____
- ☐ _____
- ☐ _____
- ☐ _____
- ☐ _____
- ☐ _____

GOALS & PROGRESS TRACKER

Week of:
....

Communication Goals	Social Skills	Sensory & O.T
_____	_____	_____
_____	_____	_____
_____	_____	_____
_____	_____	_____
_____	_____	_____
_____	_____	_____
_____	_____	_____
_____	_____	_____

THERAPY ACTIVITY IDEAS

Fine Motor	Visual	Auditory	Tactile
_____	_____	_____	_____
_____	_____	_____	_____
_____	_____	_____	_____
_____	_____	_____	_____
_____	_____	_____	_____
_____	_____	_____	_____
_____	_____	_____	_____

Weekly Reflection

This week's challenges?

....

....

This week's highlights?

....

....

....

....

Notes:

....

....

....

....

MILESTONE
TRACKER

MILESTONE	NOTES

TO DO LIST

DATE   **TO DO:**

Date:

THIS WEEK'S SCHEDULE

MONDAY

TUESDAY

WEDNESDAY

THURSDAY

FRIDAY

SATURDAY

SUNDAY

GOALS

- [ ] _____
- [ ] _____
- [ ] _____
- [ ] _____
- [ ] _____
- [ ] _____

GOALS & PROGRESS TRACKER

Week of:

Communication Goals	Social Skills	Sensory & O.T

THERAPY ACTIVITY IDEAS

Fine Motor	Visual	Auditory	Tactile

Weekly Reflection

This week's challenges?

....

....

This week's highlights?

....

....

....

....

Notes:

....

....

....

....

MILESTONE
TRACKER

MILESTONE	NOTES

TO DO LIST

DATE   **TO DO:**

☑

Date:

THIS WEEK'S SCHEDULE

MONDAY

TUESDAY

WEDNESDAY

THURSDAY

FRIDAY

SATURDAY

SUNDAY

GOALS

- [ ] _____
- [ ] _____
- [ ] _____
- [ ] _____
- [ ] _____
- [ ] _____

GOALS & PROGRESS TRACKER

Week of: . . . .

Communication Goals

_____
_____
_____
_____
_____
_____
_____

Social Skills

_____
_____
_____
_____
_____
_____
_____

Sensory & O.T

_____
_____
_____
_____
_____
_____
_____

THERAPY ACTIVITY IDEAS

Fine Motor

_____
_____
_____
_____
_____
_____
_____
_____

Visual

_____
_____
_____
_____
_____
_____
_____
_____

Auditory

_____
_____
_____
_____
_____
_____
_____
_____

Tactile

_____
_____
_____
_____
_____
_____
_____
_____

Weekly Reflection

This week's challenges?

....
....

This week's highlights?

....
....
....
....

Notes:

....
....
....
....

MILESTONE
TRACKER

MILESTONE	NOTES

TO DO LIST

DATE   **TO DO:**   ✔

Date:

THIS WEEK'S SCHEDULE

MONDAY

TUESDAY

WEDNESDAY

THURSDAY

FRIDAY

SATURDAY

SUNDAY

GOALS

- [ ] _____
- [ ] _____
- [ ] _____
- [ ] _____
- [ ] _____
- [ ] _____

GOALS & PROGRESS TRACKER

Week of: ....

Communication Goals	Social Skills	Sensory & O.T
_____	_____	_____
_____	_____	_____
_____	_____	_____
_____	_____	_____
_____	_____	_____
_____	_____	_____
_____	_____	_____
_____	_____	_____

THERAPY ACTIVITY IDEAS

Fine Motor	Visual	Auditory	Tactile
_____	_____	_____	_____
_____	_____	_____	_____
_____	_____	_____	_____
_____	_____	_____	_____
_____	_____	_____	_____
_____	_____	_____	_____

Weekly Reflection

This week's challenges?

....
....

This week's highlights?

....
....
....
....

Notes:

....
....
....
....

MILESTONE
TRACKER

MILESTONE	NOTES

TO DO LIST

DATE   **TO DO:**   ✓

_____ _____ ☐

_____ _____ ☐

_____ _____ ☐

_____ _____ ☐

_____ _____ ☐

_____ _____ ☐

_____ _____ ☐

_____ _____ ☐

_____ _____ ☐

_____ _____ ☐

_____ _____ ☐

_____ _____ ☐

_____ _____ ☐

_____ _____ ☐

Date:

THIS WEEK'S SCHEDULE

MONDAY

TUESDAY

WEDNESDAY

THURSDAY

FRIDAY

SATURDAY

SUNDAY

GOALS

- [ ] _____
- [ ] _____
- [ ] _____
- [ ] _____
- [ ] _____
- [ ] _____

GOALS & PROGRESS TRACKER

Week of:
· ·

Communication Goals

Social Skills

Sensory & O.T

_____
_____
_____
_____
_____
_____
_____

THERAPY ACTIVITY IDEAS

Fine Motor

Visual

Auditory

Tactile

Weekly Reflection

This week's challenges?

....

....

This week's highlights?

....

....

....

....

Notes:

....

....

....

....

MILESTONE
TRACKER

MILESTONE	NOTES

TO DO LIST

DATE   **TO DO:**   ✓

_____ _____ ☐
_____ _____ ☐
_____ _____ ☐
_____ _____ ☐
_____ _____ ☐
_____ _____ ☐
_____ _____ ☐
_____ _____ ☐
_____ _____ ☐
_____ _____ ☐
_____ _____ ☐
_____ _____ ☐
_____ _____ ☐
_____ _____ ☐
_____ _____ ☐

Date:

THIS WEEK'S SCHEDULE

MONDAY

TUESDAY

WEDNESDAY

THURSDAY

FRIDAY

SATURDAY

SUNDAY

GOALS

- ☐ _____
- ☐ _____
- ☐ _____
- ☐ _____
- ☐ _____
- ☐ _____

GOALS & PROGRESS TRACKER

Week of:
....

Communication Goals

Social Skills

Sensory & O.T

_____
_____
_____
_____
_____
_____
_____
_____
_____

THERAPY ACTIVITY IDEAS

Fine Motor

Visual

Auditory

Tactile

_____
_____
_____
_____
_____
_____
_____

Weekly Reflection

This week's challenges?

....

....

This week's highlights?

....

....

....

....

Notes:

....

....

....

....

MILESTONE TRACKER

MILESTONE	NOTES

TO DO LIST

DATE   **TO DO:**   ✔

Made in the USA
Las Vegas, NV
20 June 2025

23872802R00070